Volker Präkelt

Platz da, Pluto!

Was alles im Weltraum abgeht
und warum wir nicht in Schwarze Löcher
fallen sollten

Mit Illustrationen von
Fréderic Bertrand

Arena

Volker Präkelt träumt sich gern unterm Sternenhimmel in ferne Welten – und wenn sich über seinem Kopf nur die Kuppel eines Sternentheaters wölbt. Seitdem der BAFF!-Autor für das Hamburger Planetarium eine Show erdacht hat, sucht er den Himmel nach Kometen ab.

Fréderic Bertrand illustriert alles, was ihm vor die Bleistiftspitze kommt, und bastelt in der Freizeit an seinem rostigen Raumschiff. Seit ihn eines Nachts ein grünes Männchen besucht hat, um ihm dafür Tipps zu geben, vermisst er seine Gummistiefel. Ist bloß ein Witz!

Pluto war mal der neunte Planet unseres Sonnensystems, bis ihn die Weltraumbehörde IAU vor einigen Jahren als zu winzig befand. Für BAFF! hat er sich noch kleiner gemacht. Jetzt sieht er aus wie ein Fußball. Wegkicken lässt er sich trotzdem nicht. Platz da, Pluto? Von wegen.

K-Alli X 10 ist ein ausgedachter Außerirdischer von einem weit entfernten Planeten. K-Alli weiß, wie man schnell zur Erde gelangt: E-Mail im Intergalaktischen Internet losschicken – und sich selbst als Anhang senden. Ja, die K-Allianer sind clever. Leider pupsen sie immer, wenn sie sich freuen!

Irre, was so um die Erde kreist! Wo, wie, warum und wie lange schon, erfährst du gleich.

Inhalt

Igitt, K-Alli —
das ist ja schlimmer als
der Urknall!

Hallo, Pluto!
Freust du dich auch,
dass es losgeht?

Zurück zum Urknall

Vorsicht. Gleich knallt's. Nichts.

Wie bitte? B.z z z z z z z z !

Das ist der Urknall. Dieses Bzzzzzz!

Aber es hat doch gar nicht geknallt! Gesehen hat man auch nichts.

Es gibt ja noch keinen Raum. Also kann man auch nichts hören.

Aber jetzt! ∞ ∞ ∞ ∞ ∞

Explosion. Energie. Wolken aus Gas und Staub.
Feuerbälle. Sterne. Planeten. Unendlich viele.

Das **Universum** entsteht.
Vor 13,7 Milliarden Jahren.

Du und ich sind ein Teil davon. Wir leben.
In unserer Galaxis, der Milchstraße.

Da ist unser Stern. Die Sonne.
Um die dreht sich unsere Erde.

Ist sie groß, unsere Erde?

Wie ein Sandkorn in der Wüste.

Wie ein Tropfen im Ozean.

Also winzig. Sehr winzig.

Gibt es Leben außerhalb der Erde? Vielleicht. Moment. Ich höre was.

Bzzzzzz ...

Sonne

Venus   Mars   Saturn   Neptun

Merkur   Erde

Jupiter   Uranus

Wie merk ich
mir denn
die Planeten?

Ganz einfach:
Mein Vater erklärt mir
jeden Sonntag unseren Nachthimmel.
Alles klar?

Luca

Patrick Stern

Luca betrachtet gern den selbstleuchtenden
Sternenhimmel an seiner Zimmerdecke. Wenn er
dann die Augen schließt, hebt er mit seinem
Raumschiff ab – dem Lucamobil. Pluto würde er
gern mal aus der Nähe sehen. Dass der nur noch
als Zwergplanet gilt, ärgert ihn ein bisschen.

Patrick ist im amerikanischen Florida aufgewachsen und ließ sich dort als Kind keinen Raketen-
start entgehen. Er wollte Astronaut werden,
bestand aber den Gesundheitstest nicht. Jetzt
leitet er eine Sternwarte und erklärt großen und
kleinen Menschen die Wunder des Universums.

Mit Planeten jonglieren

Mit der Erde telefonieren

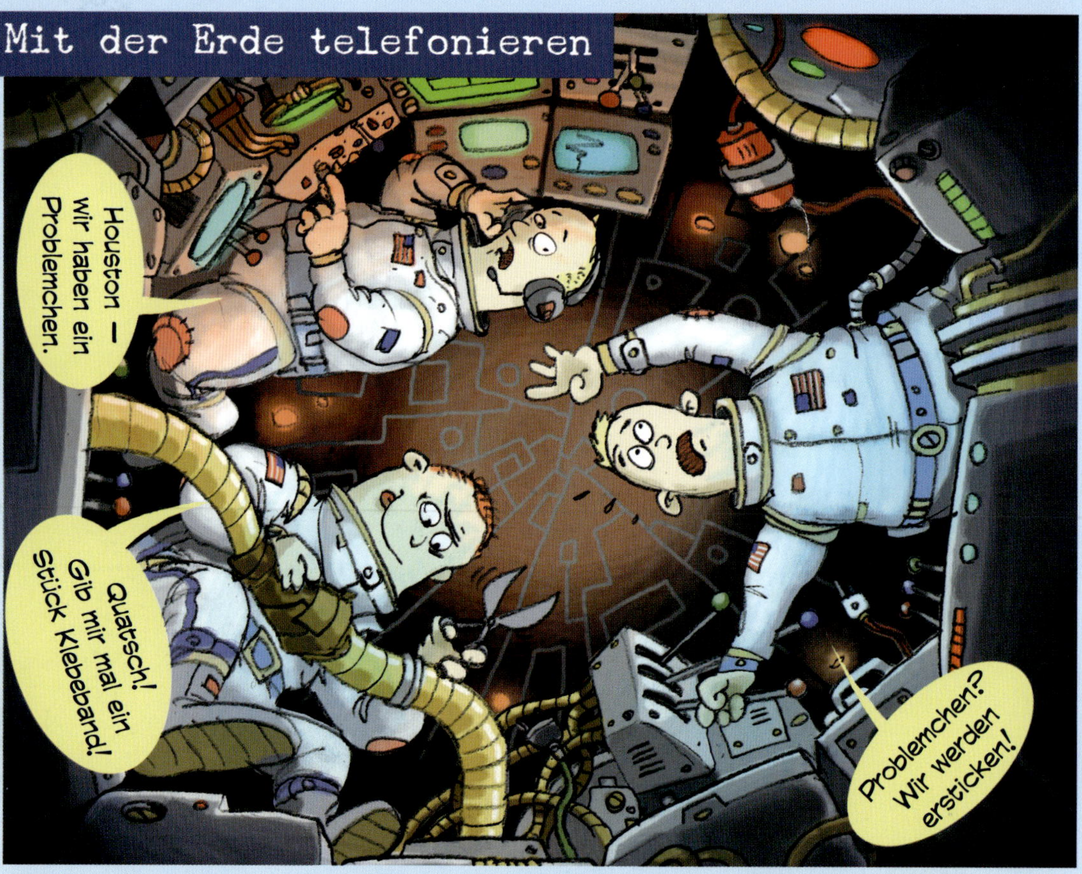

Houston, wir haben ein Problem!

Science oder **Fiction** – **wahr** oder **ausgedacht**?

Lehrer vom anderen Stern

Ausgedacht! Stell dir vor, du findest einen Außerirdischen in der Garage, versteckst ihn in deinem Zimmer und zum Dank zaubert er galaktisches Wissen an die Zimmerwand. Das gibt es bisher nur im Film „E.T. – Der Außerirdische". Echte E.T.s hat noch keiner gesichtet.

Drama im Weltall

Wahr! Im April 1970 unternimmt das Raumschiff Apollo 13 eine Expedition zum Mond. Zuerst explodiert ein Sauerstofftank, dann macht die Luftversorgung Probleme. Die reparieren die drei Astronauten mit Tüten und Klebeband. Mit Mühe ändern sie den Kurs – zurück zur Erde! Ein Computer nach dem anderen

Doch noch sicher gelandet – die Mannschaft der Apollo 13

fällt aus … Tag und Nacht stehen ihnen die Techniker der Kontrollstation zur Seite. Die befindet sich in der amerikanischen Stadt Houston. Seitdem benutzen viele den Notruf „Houston, wir haben ein Problem!". Das Ende der Geschichte: Alle drei landen wieder auf der Erde. Sie leben!

Am Himmel von Bethlehem

Wahr, aber ... Wissenschaftler, die den Sternenhimmel erforschen, heißen Astronomen. Sie haben herausgefunden, dass die Planeten Venus und Jupiter um Christi Geburt hintereinanderstanden. Von Israel aus wirkte das wie ein einziger, sehr heller Stern. Den Rest kennst du aus der Bibel – als Weihnachtsgeschichte.

Die Erde ist ein ...

Um die Erde kreist der ...

In unserem Sonnensystem

gibt es auch ...

Unser Sonnensystem gehört zu einer Galaxie, der ...

Die Erde und sieben andere Planeten kreisen um die ...

Rätsel

Kannst du Patrick bei der Suche nach den passenden Schildern helfen?

ASTEROIDEN UND KOMETEN

MILCHSTRASSE

MOND

SONNE

PLANET

Pluto plaudert

Bis vor wenigen Jahren galt ich – Pluto – als neunter Planet unseres Sonnensystems. Dann warf mich die Internationale Astronomische Union IAU einfach raus. Zu klein! Seitdem bin ich ein Zwergplanet.

Die Reise zum Mond
Luca befragt den Weltraumexperten Patrick Stern

Luca: Patrick Stern – heißt du echt so?

Patrick: Ja, klar! Und nicht nur ich. Aber garantiert gibt es mehr Sterne als Menschen mit meinem Namen. Unendlich viele Sterne. Das haben wir Astronomen herausgefunden.

Luca: Wie bist du denn Astronom geworden, Patrick?

Patrick: Ich komme aus Florida und habe dort viele Raketenstarts erlebt. Schon als kleiner Junge wollte ich Astronaut werden, also selbst ins Weltall abheben. Ich habe Luft- und Raumfahrttechnik studiert und bin dann bei der NASA angenommen worden. Da war ich ganz schön stolz.

Luca: Hast du auch in der Schwerelosigkeit üben müssen?

Unter Wasser wird trainiert ...

Die amerikanische Raumfahrtbehörde heißt NASA. Ihre Raumfahrtpiloten nennt man Astronauten. Auch die Russen waren oft im All – mit ihren Kosmonauten. Raumfahrer aus China heißen Taikonauten.

Patrick: Ja. Das klappt aber nur in einem Wasserbecken. An den Füßen trugen wir Bleigewichte, damit wir nicht steigen oder sinken – ganz wie im All eben. Dann mussten wir Reparaturen an unserem Raumschiff durchführen. Das war natürlich eine Attrappe. Leider machten meine Ohren immer mehr Probleme. Daher habe ich die letzten Gesundheitstests nicht bestanden.

Luca: So ein Ärger! Und dann hast du dich auf die Beobachtung der Sterne verlegt. Wenn man Astronom werden will – muss man da Mathe können?

Patrick: Mathematik und Astrophysik sind sehr wichtig. Wer das Weltall verstehen will, muss die Kräfte kennen, die dort herrschen. Zum Beispiel die Schwerkraft, die dich und mich auf der Erde hält. Und die Planeten in ihren Umlaufbahnen – im ganzen Universum.

... und im All wird repariert.

1961 umrundete Juri Gagarin die Erde – als erster Mensch im All!

Luca: Was ist denn der Unterschied zwischen Universum, Weltall, Kosmos und Galaxie?

Patrick: Eine Galaxie ist ein besonders großes Sternensystem – wie die Milchstraße. Die anderen Begriffe bezeichnen im Grunde dasselbe. Ich verwende das Wort Universum.

Luca: Und wie war das mit der Mondlandung? Ich hab mir das Datum aufgeschrieben. Am 16. Juli 1969 startete das bis dahin größte Abenteuer der Menschheit. Apollo 11 hieß die Mission – Neil Armstrong setzte als erster Mensch seinen Fuß auf den Mond.

Patrick: Ich war damals so alt wie du und habe im Fernsehen zugeschaut, wie Neil Armstrong und Buzz Aldrin ihre Mondfähre landeten. Der dritte Astronaut, Michael Collins, kreiste währenddessen mit dem Mutterschiff um den Mond – der Raumfähre Columbia.

Luca: Das muss damals ein irres Risiko gewesen sein.

Patrick: Klar. Die Menschen hatten aber schon Erfahrungen – mit unbemannten Flugkörpern. Anfangs hat man sogar Tiere in den Weltraum geschossen. Heute sind nur gut ausgebildete Astronauten unterwegs. Später vielleicht nur noch Roboter.

Able und Miss Baker kehrten putzmunter auf die Erde zurück.

Die Apollo 11 startet zum Mond.

Neil Armstrong, Michael Collins, Buzz Aldrin

Wir waren da!

Das ist Buzz Aldrin.

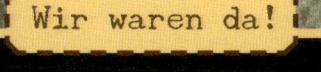

Ups! Pups! Ich meine ... ätsch, größer!

Beim Mondspaziergang

Wo die letzten Sternlein stehen

2525. Raumschiff EINSTEIN erkundet den Rand des Universums.
Die Besatzung: ein Roboter. Baffy berichtet …

Hallo, hier spricht BAFFY, der Roboter. Bin gerade mit über einer
Million Kilometer pro Stunde unterwegs – Lichtgeschwindigkeit.
Dagegen waren die alten Raumschiffe lahme Gurken. Leise summt
Boco, der Bordcomputer. Auf seinem Bildschirm erscheint eine Schrift:
„Wahnsinnstempo – Hilfe!" – „Klappe!", sage ich und schaue ins
weite All. Cool! Im Minutentakt lassen wir die Planeten hinter uns.
„Runter mit der Geschwindigkeit!", leuchtet es auf.
Boco ist ein ganz schönes Weichei!

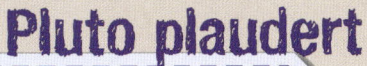

Pluto plaudert

Im All werden Entfernungen in Lichtjahren gemessen. In einer Sekunde legt das Licht 300.000 Kilometer zurück. Mit der Geschwindigkeit der EINSTEIN wäre der Mond in nur 1,3 Sekunden und die Sonne in acht Minuten erreichbar. Das Zentrum der Milchstraße liegt ungefähr 25.000 Lichtjahre weit weg.

Die Ringe des Saturns sind ein irrer Anblick. Boco blinkt noch bunter. *„Umlaufbahn von Pluto erreicht!"* Und dann: *„Armer kleiner einsamer Eisball ☺."* Wie bitte? Hat der Bordcomputer etwa Mitleid? Ist doch nur eine Maschine ohne Gefühle. Wie ich, der Roboter Baffy. Und es wird immer schlimmer: *„Schreckliche Leere ☹! Viereinhalb Jahre bis zum Proxima Centauri!"* Das ist der nächste Stern. Na, und? Mir machen Zeit und Raum nichts aus.

Aufgenommen vom Hubble-Weltraumteleskop: Pluto, der Zwergplanet

Pluto plaudert

Von wegen einsamer Eisball! Zu 70 % bestehe ich aus Stein und bin ewig weit weg. Mit einer heutigen Raumsonde bräuchtest du mindestens zehn Jahre für die Strecke!

Auf dem Bildschirm leuchtet ein roter Komet. Scheint dringend zu sein. **„Auf Hand-Steuerung gehen!"** – „Wieso?", frage ich. „Ist doch alles leer vor uns!" Die Schrift blinkt. **„Sofort!"** Also gut! Ich lege den Hebel um. Keine Sekunde zu früh. Ein Komet schießt auf uns zu. Verflixt! Die Ausläufer der Oort-Wolke – bei 300.000 Kilometern pro Sekunde eine Herausforderung für jeden Piloten. Im letzten Moment ziehe ich die EINSTEIN hoch. Fieberhaft spuckt Boco neue Flugdaten aus. „Wie lange geht das noch so?", brülle ich. **„Zwei Jahre!"** Mist!

> Kometen sind kleine, eisige Himmelskörper und von einer Hülle umgeben, die von der Erde aus als Schweif erscheint.
> Die Oort-Wolke ist voll davon.

Die Sternengruppe Alpha Centauri liegt hinter uns. Sirius, den nächsten Stern, erreichen wir erst in fast fünf Jahren. Puh. Irgendetwas passiert mit mir. Ich habe sogar geträumt: Im Universum öffnete sich eine Tür, dann noch eine und noch eine – unendlich viele Türen. Wir gleiten hindurch. **„Niemand kann sich vorstellen, wie groß das Universum ist."** Boco reißt mich aus meinen Gedanken. Seit der Oort-Wolke redet er mit mir. **„Jenseits der Milchstraße liegen noch andere Galaxien."** – „Wie viele?", frage ich. Die Lämpchen blinken. Dann schnarrt er los: **„Hundert Milliarden!"** So viele? Hilfe! Mein Energie-Level sinkt. Habe ich jetzt auch Gefühle? Boco zeigt ein ☺. **„Du brauchst einen Freund"**, sagt er. **„Wir sind auf einer verdammt langen Reise – in die Unendlichkeit."**

Von Roten Riesen und Weißen Zwergen
Luca befragt Patrick Stern

Luca: Ach, du lieber Mann im Mond! Im Vergleich zum Flug der EINSTEIN kommen einem die Apollo-Expeditionen wie ein Ausflug zum Ponyhof vor, oder?

Patrick: Ist ja auch Science-Fiction. So nennt man Geschichten über die Zukunft. Bei den gewaltigen Entfernungen kann es gut sein, dass irgendwann nur noch Roboter reisen, weil ein Menschenleben nicht ausreicht.

Luca: Das Universum ist groß – ich hab's kapiert. Und alles dreht sich. Frage: Wenn sich etwas auf der Erde dreht, wird es mit der Zeit langsamer. Ein Kreisel oder eine Münze bleiben irgendwann liegen. Wieso ist das im All anders?

Patrick: Weil es außerhalb der Atmosphäre keinen Luftwiderstand gibt. Der würde die Bewegung bremsen.

Frühling

Sommer

Luca: Die Atmosphäre, das ist der Luftgürtel um die Erde aus Sauerstoff und Stickstoff.

Patrick: Du kennst dich aus. In 24 Stunden dreht sich die Erde einmal um sich selbst. Wo die Sonne hinscheint, da ist Tag, auf der anderen Seite ist Nacht.

Luca: Und die Jahreszeiten?
Frühling, Sommer, Herbst und Winter?

Patrick: Weißt du, die Erde steht leicht schief – wie ein Globus. Richte eine Lampe auf die Kugel und du merkst, dass mal mehr, mal weniger Sonne auf bestimmte Flächen fällt.

Luca: Logisch!

Patrick: Ein Jahr braucht die Erde, um die Sonne zu umkreisen. Dabei ändert sich auch geringfügig der Abstand zwischen den beiden, denn die Umlaufbahn der Erde ist oval, nicht rund. Außerdem dreht sich die Erde auch noch um sich selbst. Wenn im Dezember der Nordpol von der Sonne abgewandt ist, herrscht auf der Nordhalbkugel Winter. Treffen die Sonnenstrahlen dagegen im Norden auf, haben wir Sommer.

Ups! Pups! Darf ich auf dir landen?

Bei mir landest du immer richtig.

Herbst

Winter

Luca: Alles klar! Aber jetzt düsen wir wieder ins Universum. Da oben ist ja wohl nicht alles dunkel, oder? Rund um die Sterne geht's ja recht bunt zu. Gibt es nicht blaue Zwerge oder so?

Patrick: Wie bitte – blaue Zwerge? Da fallen mir nur die Schlümpfe ein. Bestimmt meinst du Gelbe Zwerge. Was steckt wohl dahinter?

Luca: Vielleicht – Sterne, die noch nicht so alt sind?

Patrick: Genau. Wie unsere Sonne mit ihren viereinhalb Milliarden Jahren. Vom Alter her ist sie gerade mal erwachsen. Sie gilt als Zwerg, weil es viel größere Sterne gibt. Aber irgendwann wird sie zu einem Roten Riesen.

Luca: Ist ja riesig! Verstehe ich aber trotzdem nicht.

Patrick: Jeder Stern ist eine heiße Gaskugel, die vor allem aus Wasserstoff besteht. Wenn der aufgebraucht ist, bläht sich der Stern auf und wird zum Roten Riesen. Dann stößt er seine Hülle ab. Was übrig bleibt, ist ein schwach leuchtender Weißer Zwerg.

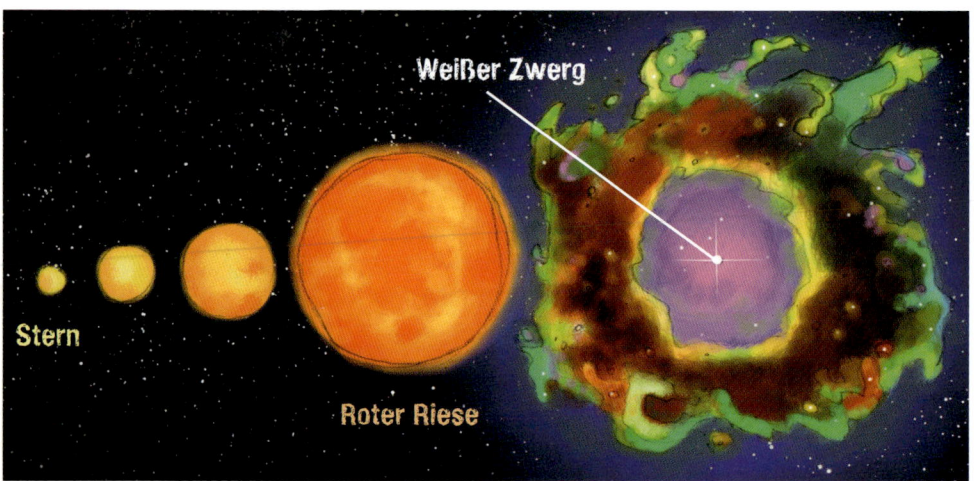

Ein roter Riese explodiert und wird zur Supernova.

Weiße Zwerge in der Milchstraße

Luca: Huch! Dann ist die Sonne irgendwann futsch, meinst du? Die brauchen wir doch zum Leben. Grausam! Aber vielleicht sind die Menschen dann schon umgezogen – in ein jüngeres Sonnensystem.

Patrick: Besser wäre das. Denn die Hitze, die beim Ableben eines Sterns entsteht, kann niemand aushalten. Aber mach dir darüber keinen Kopf. Die Sonne hält noch länger als drei Milliarden Jahre durch! So alt werden wir beide bestimmt nicht.

K-Alli hat's kapiert

Die Sonne ist ein Superkraftwerk. Auf der Oberfläche ist es viel heißer als in einem Hochofen. Im Kern herrschen bis zu 15 Millionen Grad. Bei diesen Temperaturen wird Wasserstoff zu einem anderen Element verschmolzen: Helium. Dabei wird viel Energie frei – und deshalb leuchtet die Sonne.

Warum fällt der Apfel immer auf den Boden?

Isaac Newton hat es herausgefunden.

Isaac Newton
und
der Apfel der Erkenntnis

Wir schreiben das Jahr 1666. Der Schwarze Tod geht um in der englischen Stadt Cambridge: die Pest. Die gefährliche Krankheit ergreift jeden, der nicht rechtzeitig flüchtet. Wohin nur? „Komm doch mit aufs Land, John", schlägt mein Studienfreund Isaac vor. „Da sind wir sicher vor der Ansteckung. Hoffentlich!" Ja, wir gehen nach Woolsthorpe, wo Isaac bei seiner Großmutter aufgewachsen ist.

Zwischen den grünen Hügeln und den Feldern finden wir etwas Ruhe. Die frische Luft tut uns gut nach dem Hauch des Todes in der Häuserflut. Ich sorge mich um meine Mutter, die in der Stadt zurückgeblieben ist. Isaac arbeitet wie besessen: Er will die Bewegung des Mondes verstehen. Dann, in einer Spätsommernacht, verrät er mir seine größte Erkenntnis – Isaac Newton, das Genie.

Isaac Newton

Zwischen den Apfelbäumen betrachtet Isaac die Sternbilder. Er lässt einen Apfel fallen. „Schau, John", sagt er zu mir. „Er fällt nach unten, immer nach unten. Nicht zur Seite. Nicht nach oben. Warum?"

Isaac kennt die Antwort. „Der Grund ist die Schwerkraft. Sie lässt den Apfel nach unten fallen. Die gleiche Kraft zieht alle Himmelskörper an und lässt sie um andere kreisen."
Ich schaue ungläubig. Isaac legt den Kopf in den Nacken. „Es ist ganz einfach", sagt er. „Die Regeln der Physik gelten auf der Erde – und im Universum! Daher kreist der Mond um die Erde." – „Und warum fällt der Mond dann nicht auf uns runter?"
Isaac lacht. „Weil es noch andere Kräfte gibt, die ihn von der Erde wegdrängen. Aber die Schwerkraft hält ihn fest auf seiner gekrümmten Bahn."

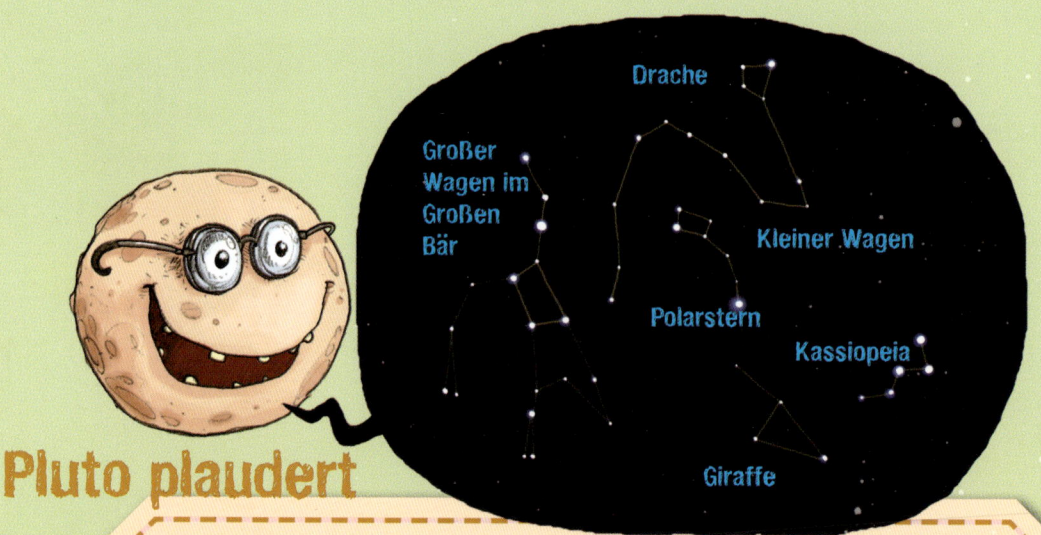

Pluto plaudert

Da die Erde um die Sonne wandert, seht ihr Erdlinge zu verschiedenen Jahreszeiten andere Sternbilder. Früher gab man ihnen Namen – von alten Sagen oder Tieren wie Delfin oder Bär. Es gibt 88 Sternbilder.

Inzwischen sind einige Jahre vergangen. Die Pest ist vorbei. Isaac Newton ist längst Professor für Mathematik. Eines Abends erzählt er mir von einem Physiker namens Halley. Der habe ihn nach einem Beweis für die Gesetze der Planetenbewegung gefragt. Ausgerechnet ihn, Newton! Wo er doch viel früher draufgekommen ist. Doch bisher hat er sein Wissen für sich behalten.

Ich nehme einen Apfel aus der Obstschale. „Jetzt oder nie, Isaac! Oder willst du, dass dir andere die Früchte der Erkenntnis wegnehmen?" Er nickt, greift nach Feder und Papier. Und er schreibt drei dicke Bücher – für sich, für uns, für die Nachwelt und die Ewigkeit. Immer auf der Suche nach Antworten auf ganz einfache Fragen. Fragen wie „Warum fällt der Apfel auf den Boden?".

K-Alli hat's kapiert

Jahrhundertelang hielt man die Erde für den Mittelpunkt der Schöpfung. Das Weltall stellten sich die Menschen als eine Art Theaterkuppel vor, auf der die Sterne vorbeiziehen.

Mit Galileo auf der Sternenparty

Luca befragt die Himmelsforscher

Stell dir vor, jenseits von Zeit und Raum findet eine Sternenparty statt. Alle sind eingeladen: Aristarch von Samos, Kopernikus, Bruno und Galilei. Luca hat jede Menge Fragen.

Luca: Herr Aristarch, Sie kommen von der schönen griechischen Insel Samos. Kann das sein, dass Ihr Name nicht so oft erwähnt wird?

Aristarch: Immerhin hat man einen Mondkrater nach mir benannt, junger Freund. Ich habe als Erster die Sonne als Mittelpunkt der Himmelskörper gesehen. Und das schon 300 Jahre vor Christi Geburt.

Luca: Voll cool! Hat sich aber keiner gemerkt. Warum ging dieses Wissen verloren?

Aristarch: Es gab ja noch keine Fernrohre, also Teleskope. So konnte ich nicht beweisen, wie sich die Planeten bewegen.

Die Sonne ist der Mittelpunkt.

Aristarch von Samos
(310 bis ca. 230 v.Chr.)

Die Sonne heißt auf Griechisch „helios". Deshalb spricht man vom heliozentrischen Weltbild. Wollte aber viele Jahrhunderte lang keiner was davon hören. Nicht wahr, Herr Kopernikus?

Luca: Ah, der berühmte Herr Nikolaus Kopernikus. Lassen Sie mich kurz nachrechnen. Haben Sie etwa 1.500 Jahre später die Schriften von Herrn Aristarch gelesen?

Kopernikus: Klar! Ich hab sie in einem Dom entdeckt, im Turm. Seine Beobachtungen haben meine Überlegungen bestätigt: Die Planeten drehen sich um die Sonne. Man nennt das kopernikanisches Weltbild.

Luca: Das wurde also nach Ihnen benannt. Gratuliere! Aber Moment: Sie entdeckten sie in einem – Domturm? War die Kirche nicht der Meinung, alles dreht sich um die Erde? Und alles andere ist böse Ketzerei und muss bestraft werden?

Kopernikus: Ja! Und ich – ich war sogar Domherr. Deshalb war ich lieber vorsichtig und habe meine Aufzeichnungen nur wenigen gezeigt. Erst sehr spät bin ich selbst an die Öffentlichkeit getreten. Die Kirche ließ mich aber in Ruhe. Dieser Herr dagegen musste mehr leiden. Guten Abend, Herr Bruno!

Die Planeten drehen sich um die Sonne.

Pups!

Nikolaus Kopernikus
(1473–1543)

Luca: Bruno, Bruno – ich hab's, Giordano Bruno! Haben Sie nicht sogar andere Lebewesen im Weltall vermutet?

Bruno: Ja. Es muss wohl noch andere bewohnte Welten geben, dachte ich mir, weil das Universum unendlich groß ist. Das habe ich herausposaunt. Leider war ich meiner Zeit voraus – und wenn Sie mich nun entschuldigen wollen, dem Herrn Galilei da drüben möchte ich heute nicht begegnen.

Luca: Herr Galilei: Unter uns – was hat er denn, der Herr Bruno?

Galilei: Er ist nur neidisch. Denn ich hab den Lehrstuhl an der Universität bekommen – und nicht er. Der arme Giordano hat sich immer in alle Nesseln gesetzt. Er nahm ein schlimmes Ende. Damals waren die Gedanken noch nicht so frei. In Europa herrschte die Inquisition – das kirchliche Strafgericht. Die nahmen jeden ins Gebet, der möglicherweise gegen die Meinung der Kirche verstoßen hatte. Ketzerei nannte man das. Viele wurden hingerichtet. Auch der arme Giordano.

Luca: Oh! Aber sagen Sie mal, Herr Galilei, wie haben Sie „da oben" so viel entdecken können?

Vier Monde kreisen um den Jupiter.

Das Universum ist unendlich.

Galileo Galilei (1564–1642)

Giordano Bruno (1548–1600)

Galilei: Ich war wohl der Erste, der mit einem Teleskop in den Himmel schaute. So entdeckte ich Krater auf dem Mond und Flecken auf der Sonne. Und immerhin vier Monde, die um den Jupiter kreisen. Ich wurde berühmt. Ein Papst war mir wohlgesinnt. Dennoch gab es Streit mit der Kirche. Flecken auf der Sonne? Wie kann das sein, Herr Galilei, wenn dieser Himmelskörper doch angeblich so vollkommen ist?

Luca: Äh – können Sie mir noch ein paar Kollegen vorstellen?

Galilei: Johannes Kepler vielleicht. Er entdeckte, dass die Planeten nicht auf Kreisen, sondern auf Ellipsen um die Sonne laufen.

Luca: Die Planeten eiern also rum.

Galilei: Ja, Ellipsen sind eiförmig. Übrigens, Albert Einstein kommt später – wahrscheinlich mit seiner eigenen Zeitmaschine. Ein verrückter Kerl. Kennen Sie seine Relativitätstheorie?

Luca: Hm. Die kapier ich nicht richtig und vergesse sie immer. Jetzt probier ich erst mal einen Sternenshake.

Pinkelpause
in der Raumfähre

Über 30 Jahre lang brachten Spaceshuttles Männer und Frauen ins All. Tom war dabei und erzählt dir seine unglaubliche Geschichte.

3 – 2 – 1 – Liftoff!

„Alles klar, Tom?", fragt Commander Michael über Sprechfunk. „Ja", antworte ich. „Over." Dann ist es so weit. Mit einem irren Tempo schießen wir ins All. Der Schub drückt uns in die Sitze. Nach zwei Minuten werden die Raketen ausgeklinkt, nach neun Minuten wird der Außentank abgetrennt. Treibstoff brauchen wir nur noch zum Steuern. Auf unserer Umlaufbahn fliegen wir von selbst.

Pluto plaudert englisch

Englisch für Raumfahrer
Countdown Runterzählen beim Start / Liftoff Abheben, Start /
Spaceshuttle Raumfähre / Commander Kommandant /
Mission Control Center Flugkontrollzentrum /
Over fertig (Funkverkehr) / Everything fine? Alles o.k. ?

Frühstück um sechs

Schwerelosigkeit im All – gar nicht so einfach! Ich trinke durch einen Strohhalm und lutsche Müsli aus der Plastiktube. Michael macht seine Cornflakes mit Tacosoße scharf. „Im All lässt der Geschmackssinn nach!", sagt er und grinst. Ans Klo muss ich mich noch gewöhnen. Erst anschnallen. Danach wird alles von einem Luftstromsystem abgesaugt.

Sport muss sein!

Später geht's auf ein Trimmfahrrad, damit Muskeln und Knochen in der Schwerelosigkeit fit bleiben. Michael und ich spielen Weltraumtennis – mit Flugdatenheften als Schläger und einem Knäuel aus grauem Klebeband. Er schlägt vor, einen Tropfen Flüssigkeit als Ball zu nehmen. Cool! Das funktioniert. Es darf bloß keine Tacosoße sein! Michael erklärt mir meinen Raumanzug. Er besteht aus über 20 Schichten. Im Rucksack: Wasser, Sauerstoff, Funkgerät. Auf der Brust: Elektronik und Computer.

Ups! Pups! Bitte nicht im Raumanzug ... den kann man nicht lüften.

Die
Internationale
Raumstation ISS

K-Alli hat's kapiert

Spaceshuttles brachten Menschen und Material zu den Raumstationen MIR und ISS. 132 Mal kehrten die Raumfähren sicher zurück. Es gab aber auch zwei schlimme Unfälle mit Toten.

Spaziergang im All

Wartungsarbeiten! Ich darf Michael auf so einem „Astronauten-spaziergang" begleiten. An einer Sicherungsleine schweben wir in die Ladebucht. Ich hake die Stiefel in die Sicherung des Teleskoparms und drehe mich nach der Erde um. Welcher Kontinent liegt unter uns? Ich lehne ich mich nach hinten. Afrika! Schnell wieder zurück. Hoppla. Jetzt habe ich zu viel Vorwärtsschwung! Hilfe! Es kommt mir vor, als falle ich in die Schwärze des Weltalls. Nach ein paar Sekunden habe ich mich wieder gefangen und schwinge zurück. Dann höre ich eine Hupe. Hä? Seit wann können Raumschiffe hupen? Ich spüre eine Hand auf meiner Schulter.

„Wir sind da, Tom", sagt mein Vater und stellt den Motor unseres Wagens ab. „Auf ins Planetarium!"

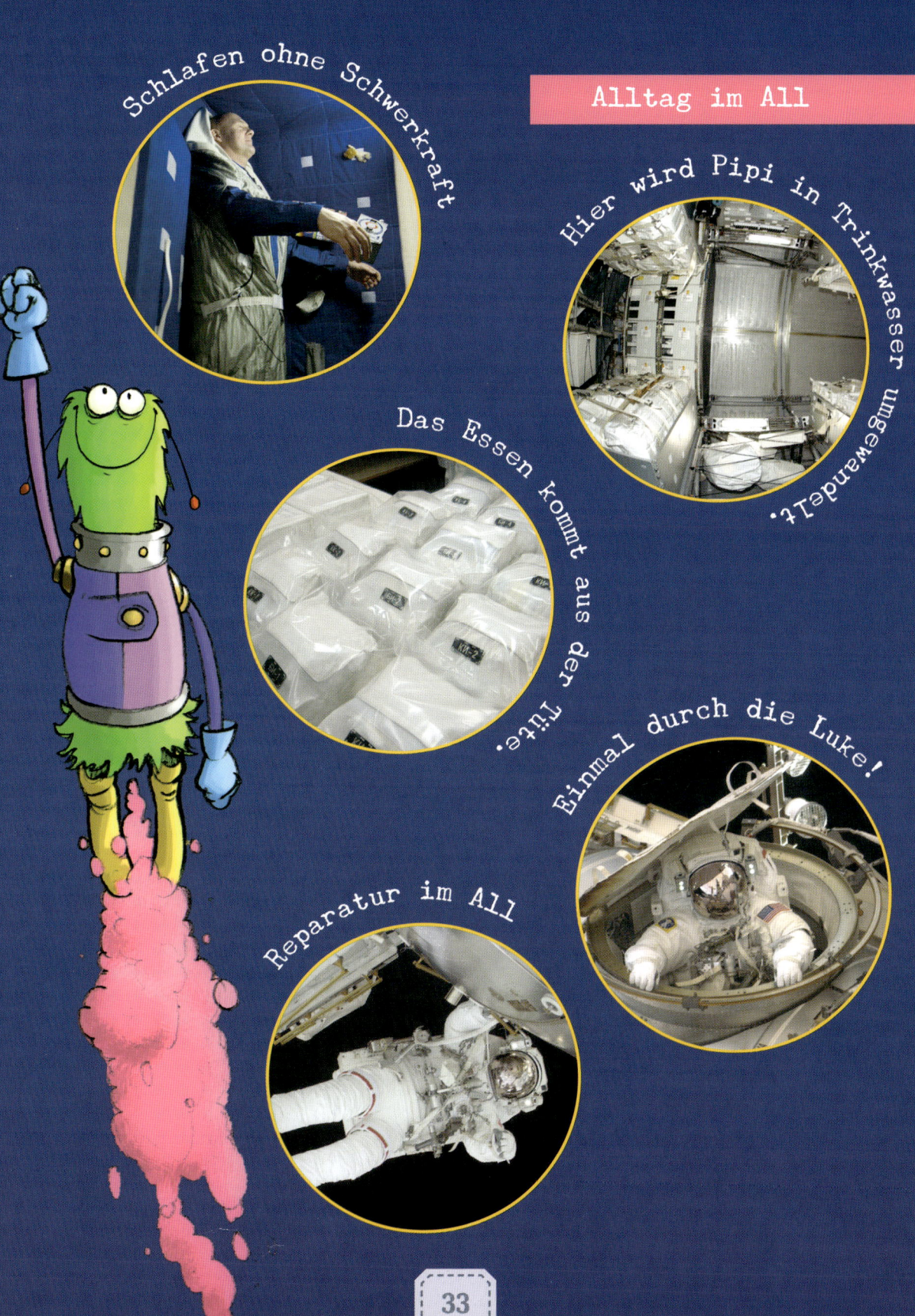

Schlafen ohne Schwerkraft

Hier wird Pipi in Trinkwasser umgewandelt.

Das Essen kommt aus der Tüte.

Einmal durch die Luke!

Reparatur im All

33

Urlaub im Universum
Luca befragt Patrick Stern

Luca: Die Spaceshuttles fliegen also nicht mehr. Wer bringt denn jetzt die Menschen ins All? Etwa das Raumschiff Orion – wie in dieser alten Fernsehserie?

Patrick: Du wirst lachen: Die neuen Raumkapseln heißen wirklich so. Der Countdown startet in ein paar Jahren.

Luca: 3, 2, 1 – alles klar! Ich würde so gern mal Ferien im All machen.

Gar nicht so riesig, die Raumkapsel Orion, die vielleicht irgendwann Menschen zur ISS bringen soll.

Pluto plaudert

Ist dir schon aufgefallen, dass du vom Mond immer nur eine Seite siehst? Das kommt, weil er sich genauso schnell wie die Erde dreht. So zeigt er dir immer dasselbe Gesicht.

Patrick: Wie Charles Somonyi im Jahr 2009. Der zahlte 35 Millionen Dollar für einen Besuch auf der ISS. Finde ich galaktisch gaga!

Luca: Puh – so viel Kohle hab ich nicht! Da arbeite ich lieber an meinem Lucamobil. Erste Zeichnungen habe ich schon gemacht.

Patrick: Prima! Ich denke, irgendwann wird es ganz normal sein, dass wir im All Urlaub machen. Im amerikanischen Bundesstaat New Mexiko warten schon zwei Raumfähren. Den Flug kannst du im Internet buchen. Einmal rund um die Erde. Ob es Reisen zum Mond oder zu fernen Planeten geben wird – das steht in den Sternen.

Luca: Der Mond spielt schon eine Rolle, oder?

Patrick: Planeten-Hopping ist das Stichwort. Hopping heißt Hüpfen – von Planet zu Planet. Der Mond könnte eine Tankstelle sein. Das geht aber nur, wenn man in den tiefen Mondkratern genügend gefrorenes Wasser findet, also Eis, das sich in Sauerstoff und Wasserstoff zerlegen lässt. Damit hätten wir einen prima Treibstoff.

Luca: Dann müsste es auf dem Mond auch Menschen geben. Und Fahrzeuge.

Patrick: Mondautos werden in Amerika schon getestet – auf einem Gelände in Arizona, auf dem der Boden so ähnlich ist wie der auf dem Mond. So stellt man fest, wie das Fahrzeug reagiert.

Luca: Wohnen muss da dann ja auch jemand. Wie geht das?

Patrick: Weißt du, was das Schöne an einer Luftmatratze ist?

Luca: Man benutzt sie beim Camping und abends gibt's Spaghetti.

Patrick: Du weißt schon, was ich meine. Zusammengefaltet lässt sich eine Luftmatratze leicht transportieren. Genauso ist es mit den luftdichten Elementen für das Mondabenteuer. Dort oben werden die Teile aufgeblasen und miteinander verbunden. Perfekt zum Wohnen, zum Arbeiten und um Dinge zu lagern: Werkzeug, Raumanzüge, Sauerstoffvorräte, Essen.

Luca: Und Solarenergie wird es ja wohl auch geben.

So geht's noch schneller!

Patrick: Vielleicht. Aber die großen Temperaturunterschiede sind ein Problem. Sie schwanken zwischen plus 130 und minus 160 Grad.

Luca: Ist das auf dem Mars besser? Dann fliegen wir doch lieber dahin.

Patrick: Vor einigen Tagen fand ich beim Ausmisten ein Jugendbuch aus den 60er-Jahren. Da schrieb jemand, dass der erste Mensch 1985 auf dem Mars landen wird. So weit sind wir noch lange nicht. Die Temperaturen, die Stürme, die Entfernung – da gibt es so einige Nüsse zu knacken. Durch zwei Roboterfahrzeuge wissen wir inzwischen eine ganze Menge über den Mars. Zum Beispiel, dass es dort mal Wasser gab. Raumsonden haben an den Polarkappen des Roten Planeten sogar Eis entdeckt. Du siehst, die besten Ergebnisse ...

Luca: ... bringen die unbemannten Raumsonden. Oder sagt man besser „unbemenscht"?

Patrick: Mensch, du bist ein galaktisch guter Spracherfinder!

Gab es Leben auf dem Mars?

Das soll das Roboterfahrzeug CURIOSITY herausfinden.

August 2012 – erfolgreich auf dem Mars gelandet ...

... sendet der Roboter gleich Bilder zur Erde.

Bereits 2005 entdeckt: Eis auf dem Mars. Wo Eis ist, könnte auch Leben entstehen. Aber nur, wenn das Eis zu Wasser wird.

Hallo, gibt es hier intelligentes Leben?

K-Alli X 10 reist mit Lichtgeschwindigkeit. Mindestens.
Hier ist sein Bericht – von einer Reise zur Erde.

Turboplanetarisch schön!

… und derbe kosmo-obergeil, die Erde. So sprecht ihr doch da unten, oder? Ganz ehrlich: Im Vergleich zu eurem Heimatplaneten sieht meiner aus wie ein abgewetzter Fußball. Und dann noch dieser Luftgürtel, die Atmosphäre, die euch atmen lässt und für das tolle Licht sorgt. Echt grell! Da muss ich mir wohl eine Sonnenbrille besorgen. Eintritt in die Atmosphäre in acht Minuten. Ich prüfe die Daten auf dem Bildschirm: ERDE --- zwischen Venus und Mars, wird vom Mond umrundet --- auf der Oberfläche über 70 % Wasser zwischen ein paar Kontinenten --- einige gehen ineinander über, wie Asien und Europa.

Du hast es galaktisch gut!

Schon mal drüber nachgedacht, dass ausgerechnet du – ja, du! – auf dem einen von Milliarden Planeten wohnst, auf dem Leben überhaupt möglich ist? Die Wahrscheinlichkeit ist so groß wie – na, wie zehn Wochen lang sechs Richtige im Lotto. Und nicht nur das. Du hast Eltern, Freunde, hoffentlich keinen Hunger und keinen Krieg vor der Haustür. Vielleicht ein Haustier. Du kannst sogar lesen! Ich würde mal sagen: Du hast ein Schweineglück, du kleines bisschen Sternenstaub.

Pluto plaudert

Ein bisschen Sternenstaub steckt in jedem von uns. In den ersten Sternen bildeten sich Kohlenstoff und Sauerstoff – die Bausteine für die Planeten, auf denen Leben möglich ist.

Was mich angeht, ich würde nicht immer bei euch leben wollen. Ich hab's gern kälter. Und eure Luftmischung aus Stickstoff und Sauerstoff ist mir zu heftig. Von der Schwerkraft auf der Erde ganz zu schweigen. Da kommt man ja kaum vom Fleck. Wenn ICH auf meinem Heimatplaneten einkaufen will, mache ich einen Sprung und lande gleich zehn Kilometer weiter.

Aber pass gut auf ...

So, der Bordcomputer zeigt mir Bilder von der Erde. Sehr schöne! Hohe Berge, blaue Ozeane – aber was ist denn das? Giftlachen im Meer, dicke Abgaswolken, fette Autostaus ... das stinkt ja schon beim Hinschauen. Und das Eis in der Arktis – schmilzt? Was wird bloß aus den Eisbären?

Puuuuh ...
das wird langsam ganz
schön heiß hier!

Klimawandel –
da schmilzt das Eis unter
den Pfoten weg. Hilfe!

Entschuldigung, jetzt muss ich doch nachschauen, ob da alles mit rechten Dingen zugeht. ALIENPEDIA eingeben und dann die Frage „Gibt es intelligentes Leben auf der Erde?".

Quatsch! Natürlich gibt es bei euch intelligentes Leben. Du bist das beste Beispiel. Aber ich höre immer wieder, dass es Probleme gibt. Das Klima verändert sich. In einigen Städten ist die Luft so dick, dass man kaum etwas sieht. Ich würde sagen: weniger Müll, weniger Wasser verbrauchen, weniger die Heizung aufdrehen, die Natur und die Tiere schützen. Man weiß ja nie. Bei euch ist ja schon so manche Art aus- gestorben. Zum Beispiel diese Dinosaurier. Obwohl, daran ist ja wohl ein Meteoroid aus dem All schuld. Oder sagt man Meteorit?

K-Alli hat's kapiert

Ein Meteoroid ist ein Gesteinsbrocken aus dem All. Durchbricht er die Atmosphäre, erzeugt er ein Licht, das man als Meteor bezeichnet. Schlägt er auf dem Boden auf, sagt man Meteorit.

So, gleich tauche ich in die Atmosphäre ein. Landung auf dem amerikanischen Kontinent. Ich bin nämlich in einer wichtigen Mission unterwegs – Mission „Pluto".

Kino mit K-Alli

K-Alli ist aus einem bestimmten Grund auf der Erde. Hier kommt die Geschichte einer plutonischen Freundschaft.

Pluto plaudert

Area 51 gibt es wirklich in den USA. In diesem militärischen Sperrgebiet ist angeblich ein Ufo abgestürzt. Noch immer soll es unter der Wüste geheime Forschungseinrichtungen geben.

Weißt du, wie die Sterne entstehen?

Überall im Universum werden Sterne groß. In Sternenhaufen. Junge Sterne sind wie Kinder – sehr neugierig. Jedenfalls bei BAFF!

„Menno!", raunze ich meinen Zwillingsstern an, der mich seit einer Ewigkeit umkreist. „Ich will endlich einen Namen! So einen wie Merkur. Oder Mars." Für einen Moment scheint er zu stoppen, schießt bläuliche Hitzestrahlen in meine Richtung. „Du Blödi", sagt er, „das sind Planeten aus Stein und du bist ein Stern, also eine Kugel aus heißem Gas. Außerdem müssen dich die Menschen mit ihren Teleskopen erst mal entdecken. Ätsch!"

Schwups! Schon dreht er mir sein Hinterteil zu. Stinksauer pumpe ich mich auf und stoße eine heiße gelbrote Gaswolke aus. „Hey! Kann mir bitte mal jemand sagen, wie ich ins Universum gekommen bin?"

Die anderen Sterne wissen es auch nicht, jung, wie sie sind – höchstens eine Milliarde Jahre. Bis auf den großen roten hinter der Wolke. Er ist der älteste hier und behauptet, man habe ihn bereits entdeckt und suche jetzt für ihn den schönsten Namen.

„Na gut", brummt er. „Aber ich erzähl's nur noch einmal. Hier, im Riesennebel der wirbelnden Wolken, warst du ein winziges Wölkchen aus Gas und Staub. Drehtest dich rasend und wurdest zum Protostern. So heißt die Vorstufe zum Stern."

Festgehalten vom Hubble-Weltraumteleskop: Hier entstehen Sterne.

„Echt?" Ich bin enttäuscht. „Ich dachte, mich hätte ein Feuerdrache gebracht!" Der Rote lacht. „Feuer ist gar nicht so schlecht! Ähem – ich war ja auch mal jung, daher weiß ich das so gut." Klugscheißer. „Je dichter das Gas in unserem Innern wird", erklärt er, „desto heißer wird es. Und am heißesten ist es – wo?"

„Vielleicht – dort?", antworte ich und spucke einen gelben Feuerbogen, der auf meine Mitte zurückfällt. „Genau!", lacht der Rote. „Im Kern wird es heißer und heißer. Wie in einem Hochofen." Keine Ahnung, was ein Hochofen ist.

Der Rote stößt einen Gürtel aus Dampf aus. „Bei über zehn Millionen Grad Celsius", erklärt er, „wird Wasserstoff zu Helium verschmolzen. Und dann geht's richtig los. Bei mir war das so, als hätte mich jemand angeknipst. Ich fing an zu strahlen."

„Wie die anderen dahinten?", frage ich und deute auf die nächstbeste Galaxie, in der mir die Sterne irgendwie größer vorkommen. Der Rote wird noch ein bisschen roter, wie immer, wenn ihm etwas unangenehm wird. „Das", antwortet er, „ist jetzt kein gutes Beispiel. Einige von denen sind schon ausgeknipst!"

Diese Galaxie aus vielen Sternen, Staub und Gas ist spiralförmig.

Ausgeknipst? Wie kann ein leuchtender Stern „aus" sein? Der Klugscheißer-Riese stößt eine beißende Gaswolke aus. „Weil das Licht so lange braucht, bis es uns erreicht. Ewig lange. Viele Lichtjahre eben. Und so weiß man nicht, ob der eine oder andere Stern noch da ist oder, oder …" Er stockt eine Lichtsekunde lang.

„Oder – was?", frage ich. Jetzt wird es interessant. Er kugelt ein bisschen auf einem Fleck. „Oder ob der Ofen aus ist. Und der Stern explodiert. Als Supernova. So ist das, wenn uns ein ganz Großer verlässt."

Ich glaube, ich möchte kein großer Stern werden. Der Rote tröstet mich. „Das Ende eines Sterns ist immer auch ein Anfang", säuselt er. „Wenn ein dicker, großer Stern explodiert, entsteht aus seinem Material vielleicht eine Riesenstaubwolke. Das ist das Baumaterial für die nächste Generation von Planeten. Und jetzt entschuldige mich bitte. Gleich kommt eine Raumsonde vorbei. Die knipst bestimmt Fotos. Denkst du, Bello wäre ein guter Name für mich? Heißt „der Schöne!" Na ja, klingt eher wie ein Hundename.

Wer hat Angst vorm Schwarzen Loch?
Luca befragt Patrick Stern

Luca: Sehe ich da Ringe unter deinen Augen? Wie beim Saturn.

Patrick: Hab wohl zu tief ins Universum geschaut. Schließlich wollte ich sehen, wo die Sterne entstehen. Die waren ja nicht immer da. Ständig tauchen neue auf. Immer beginnt es mit Staubwolken, die rasend schnell kreiseln und sich zu einem Stern verdichten, einem Protostern.

Luca: Und die Planeten? Entstehen die genauso?

Patrick: Ohne Stern kein Planet. Um den Protostern kreist eine Hülle aus Gas und Staub, die sich zu einer Scheibe verdichtet – das ist der Baustoff für Planeten. Dabei ist Recycling ganz wichtig. Jeder sterbende Stern ist ein neuer Anfang. Nur bei den ganz dicken Brummern, da entsteht etwas, das man nur schwer begreift.

K-Alli hat's kapiert

Stephen Hawking ist der englische Wissenschaftler, der von seinem Rollstuhl aus unterrichtet. Er erforschte die Schwarzen Löcher. Zusammen mit seiner Tochter schreibt er übrigens auch Bücher für Kinder.

Das Hubble-Weltraum-teleskop macht seit Jahren Aufnahmen im All.

Satelliten sorgen auch dafür, dass wir mit dem Navi fahren können.

Blick ins Weltall

Das William-Herschel-Teleskop auf den Kanarischen Inseln

Radioteleskope in New Mexico, USA

Luca: Jetzt kommt's! Na endlich, das Schwarze Loch!

Patrick: Genau! Wenn ein super-massiver Riese zur Supernova wird und explodiert, schrumpft sein Zentrum auf einen einzigen Punkt von gigantischer Dichte. Dessen Schwerkraft ist so ungeheuerlich, dass alles in seiner Nähe angezogen wird. Sogar das sichtbare Licht! Dann sprechen wir von einem Schwarzen Loch. Es schluckt alles, was ihm zu nahe kommt.

Luca: Also wird man da richtig reingezogen?

Patrick: Vergleiche das mal mit einem Wasserfall. Kurz davor kannst du gegen die Strömung paddeln, aber wenn du einmal über den Rand gerätst, dann war's das.

Luca: Also wenn ein Raumschiff von dieser Mega-Schwerkraft angezogen wird, dann ...

Patrick: ... wird es vermutlich in die Länge gezogen – wie Nudelteig zu Spaghetti, sagt der Wissenschaftler Stephen Hawking. Zum Glück sind wir von Schwarzen Löchern weit entfernt. Eines sitzt genau im Zentrum der Milchstraße.

MJAMM!
Sternen-
Spaghetti

Lang gezogen und verschluckt!
Ein Stern verschwindet
im Schwarzen Loch.

Luca: Bestimmt gibt's unendlich viele Schwarze Löcher.

Patrick: So viele wie Galaxien – wer weiß. Es ist ja nicht einmal klar, ob es nur ein Universum gibt. Unser Universum entstand aus einem Punkt und seit 13,7 Milliarden Jahren dehnt es sich aus.

Luca: Und woher weiß man das?

Patrick: Wir wissen das, weil das Licht seine Zeit braucht – das der Sonne etwa acht Minuten, bis es bei uns angelangt ist. Wenn wir alle Lichtquellen da oben betrachten, können wir in die Vergangenheit des Universums schauen. Die entferntesten Galaxien liegen etwa zwölf Milliarden Lichtjahre entfernt. Ihr Licht, das ich durchs Riesenteleskop sehe, haben sie also vor zwölf Milliarden Jahren abgestrahlt.

Luca: Dann ist das Teleskop ja so etwas wie eine Zeitmaschine! Kann man bis zum Urknall gucken?

Patrick: Fast. Aber am Anfang hat das Universum kein Licht durchgelassen – etwa 300.000 Jahre lang. Auch wenn wir dabei gewesen wären, hätten wir den Urknall nicht gehört und nicht gesehen.

Luca: Ist doch schön, dass es noch ein Geheimnis gibt.

Pluto plaudert

Haaaallloooo! Schall, das sind Schwingungen, die sich in der Luft fortpflanzen. Im All gibt es aber keine Luft. Deswegen war der Urknall nicht mal so laut wie ein ... K-Alli warst du das schon wieder?

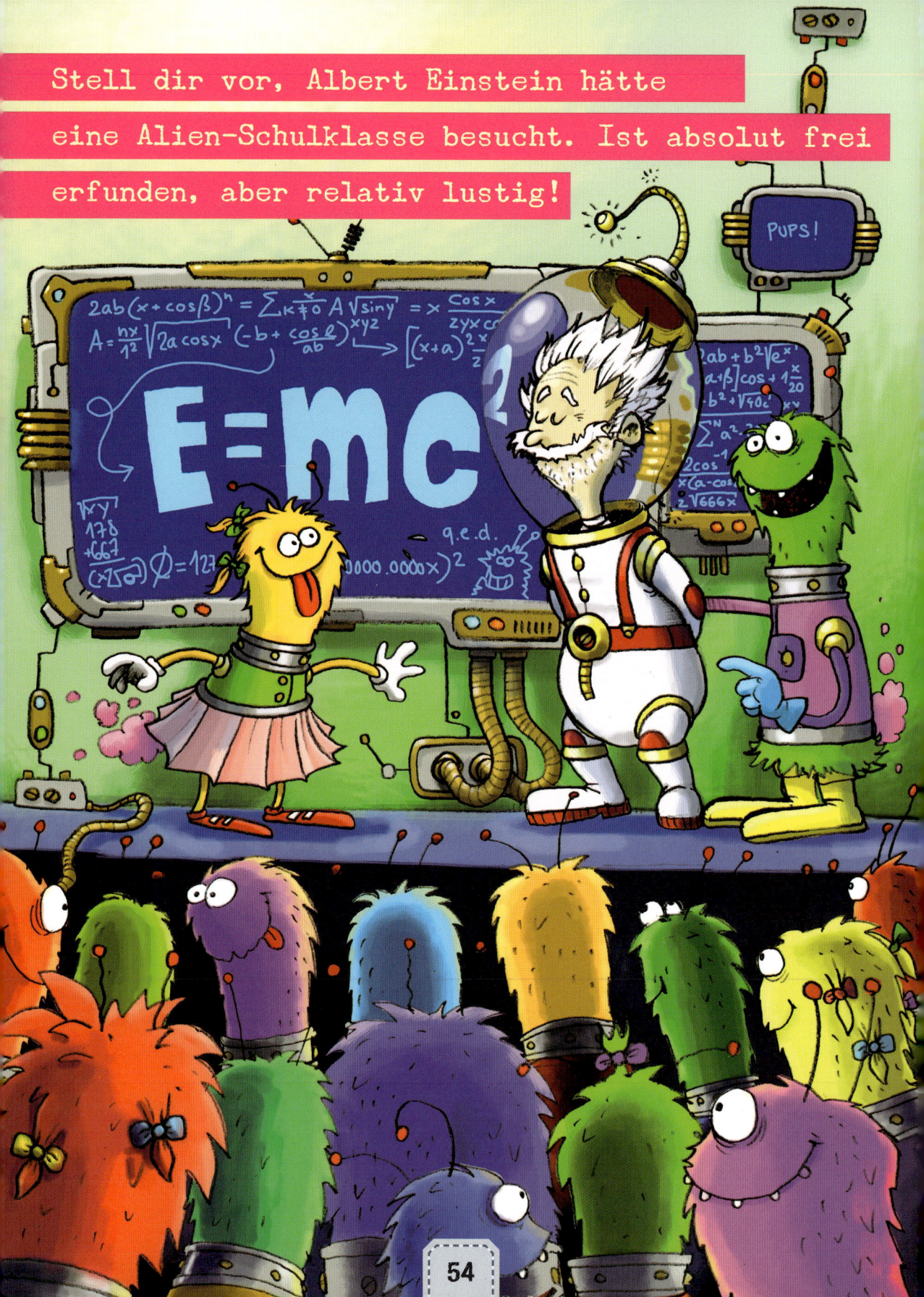

Onkel Albert bei den Außerirdischen

„Und jetzt alle – Klatschrakete!" Alle Schüler klopfen auf die Tische und K-Alli deutet auf den Gast. „Darf ich vorstellen: einer der berühmtesten Wissenschaftler der Erde, Nobelpreisträger Albert Einstein. Er will uns was über Zeitreisen erzählen. Interessantes Thema. Vielleicht können Sie uns Ihre Theorie einmal erläutern? Aber vergessen Sie nicht – K-Allianer sind schnell im Kopf. Auch die Kinder. Sie denken in Pupsgeschwindigkeit!"

Gut, dass Albert Einstein unter seinem Helm nichts riechen kann! Den Helm braucht er hier unbedingt, denn auf K-Allis Planeten gibt es kaum Sauerstoff zum Atmen. „Vielen Dank für die Einladung", sagt Einstein zu den Schülern, „nennt mich ruhig Onkel Albert." Onkel Albert malt etwas auf die Tafel. Die Erde, ein Raumschiff, zwei Wecker und zwei große Pfeile.

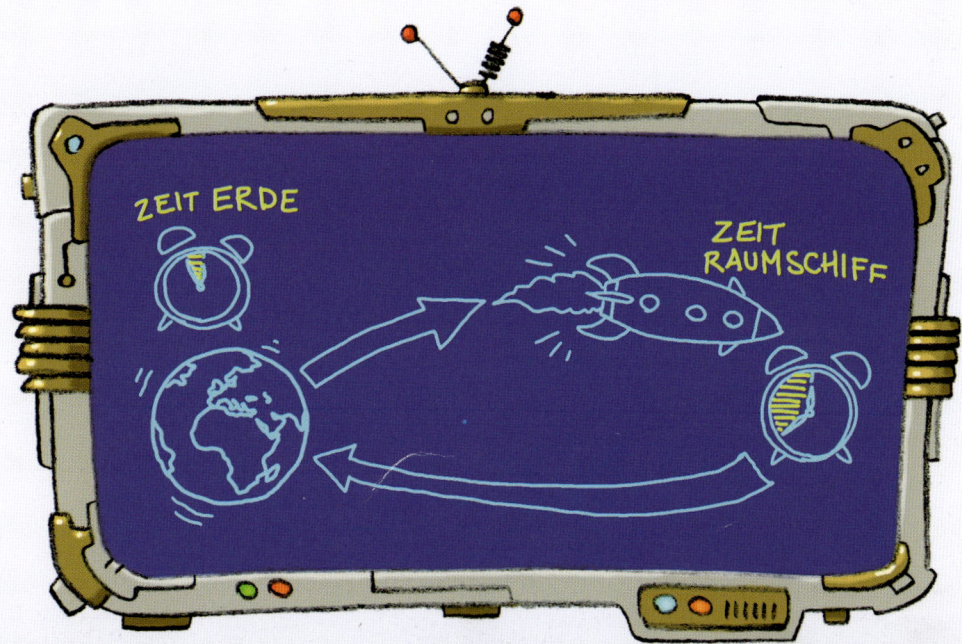

ZEIT ERDE

ZEIT RAUMSCHIFF

„Wenn ein Raumschiff sehr, sehr schnell ein Jahr lang durch das Weltall fliegt, werden die Astronauten bei ihrer Rückkehr eine Überraschung erleben. Die Kollegen auf ihrem Heimatplaneten sind auf einmal viel älter oder sogar schon in Rente! Bei hoher Geschwindigkeit vergeht die Zeit also ... nun? Wer kann die Frage beantworten?"

Ein Mädchen streckt die Zunge raus. Bei den K-Allianern ist das so üblich, wenn man im Unterricht etwas sagen will. „Bitte, Iri", sagt K-Alli. Die Kleine legt los. „Je schneller jemand unterwegs ist, desto langsamer vergeht für ihn die Zeit!" Onkel Albert nickt, dass die wirren Haare unter dem Helm nur so fliegen. „Richtig! Für die Astronauten im All verging die Zeit relativ langsam und für ihre Kollegen auf der Erde relativ schnell. Deshalb nennt man das Ganze auch ..."

„Re-la-ti-vi-tätstheorie!" Das ist die Stimme von Iris Zwillingsbruder. „Bitte erst die Zunge zeigen und dann reden", sagt K-Alli streng. „Also – hast du eine Frage, Aro?" Der deutet auf Iri. „Ich düse also ein paar Jahre durch das Universum, komme wieder und besuche meine Zwillingsschwester." – „Ja, das wäre doch schön", meint Onkel Albert. – „Wenn ich sie wiedersehe ..." Aro kann vor Lachen kaum weitersprechen. „Sieht sie dann aus wie meine Oma?"

K-Alli hat's kapiert

Einstein war kein besonders guter Schüler und bekam doch den Nobelpreis. Er bewies, dass Licht aus extrem kleinen Teilchen besteht. Zu seiner Relativitätstheorie gehört auch die Annahme, dass das Universum krumm ist wie eine Banane.

Er pupst vor Begeisterung. Die anderen pupsen mit. Alle. Bis auf seine Schwester. Die schmollt. „Kommt auf die Geschwindigkeit an", sagt Onkel Albert und lächelt Iri aufmunternd zu. „Vielleicht doch eher wie eure Mama oder wie eine große Iri", meint er. Da muss Iri grinsen.

Jetzt mischt sich K-Alli ein. „Wie lässt sich denn Ihre Jünger-älter-Theorie beweisen?" – „Bisher nur im Experiment", sagt Onkel Albert Einstein bedauernd. „So schnell werden die Raumschiffe der Menschen wohl nie sein, dass man einen wirklich deutlichen Altersunterschied feststellen kann. Meine Theorie stimmt – aber im täglichen Leben fällt das einem kaum auf."

„Vielen Dank, Herr Einstein", sagt K-Alli. „Dann werde ich Sie mal wieder zurückbringen. Wollen wir noch ein Foto machen?" Onkel Albert ist einverstanden. „So", sagt K-Alli, „und jetzt mal alle schön die Zunge rausstrecken!"

Albert albert!
Das Foto ist echt.

Wäre ich ein guter Astronaut?

Ein Test für alle

Willst du ins All abheben? Dann solltest du einiges wissen.
Beantworte die Fragen und zähle deine Punkte zusammen.

Du startest ins All.
Was braucht dein Raumanzug?

☐ einen MP3-Player **0**

☐ einen Sauerstofftank **2**

☐ eine Innentoilette **1**

Kennst du den Unterschied zwischen Stern und Planet?

☐ Ein Planet ist größer als ein Stern. **1**

☐ Ein Stern strahlt von selbst, ein Planet nicht. **2**

☐ Ein Planet strahlt heller als ein Stern. **0**

Außenreparatur an der ISS. „Du verlierst den Schraubenzieher", brüllt einer.

☐ Was soll's, noch ein Stück Weltraumschrott. ❶

☐ Mist! Ich flieg besser mal hinterher. ⓿

☐ Kann nicht sein, dass ich einen rufen höre.
Im All gibt's keinen Schall! ❷

Welcher Fußballklub führt den Spitznamen „Die Außerirdischen"?

☐ Venus Wolperding ❶

☐ FC Barcelona ❷

☐ Roter Stern Belgrad ⓿

Der Abstand zwischen Erde und Mond ändert sich ständig. Warum?

☐ Der Mond wandert nicht in einem festen Kreis um die Erde. ❷

☐ Hat nie jemand richtig ausgerechnet. ⓿

☐ Weil man vom Mond nur eine Seite sieht. ❶

Auflösungen auf Seite 62

Luca und Patrick
sagen Tschüss

Luca: Möchtest du auch einen Stern entdecken – und ihm deinen Namen geben?

Patrick: Haha, wie soll der denn heißen? Patrick-Stern-Stern? Übrigens kann man auch Sternenpatenschaften übernehmen. Kostet aber ein bisschen was.

Luca: Nein danke, ich spare schon für die Reise mit Space Ship Two. Sag mal – wenn wir uns in ein paar Jahren wiedertreffen, wird man dann noch mehr rausbekommen haben?

Patrick: Na klar. Aber so ist das bei fast jeder Wissenschaft. Auch die Knochenjäger, die Paläontologen stoßen immer wieder auf neue Erkenntnisse. Für mich als Astronom ist es wie bei einem tollen, aber komplizierten Spiel. Der Spaß fängt erst an, wenn man die Regeln kennt. Was das Universum angeht – da sind wir gerade mal dabei, die Spielanleitung zu lesen.

Plutos Ausflugstipps

Das Planetarium in Hamburg

Planetarium Hamburg: Ein Star unter den Sternentheatern mit
toller Kuppelprojektion und super Programmen für Kinder.
Direktor Thomas W. Kraupe beantwortet eure Fragen gerne selbst!
www.planetarium-hamburg.de

Weitere spannende Planetarien findest du auch Bochum, Jena,
Berlin – und vielen anderen deutschen Städten.
www.zvsd.org/Verzeichnis-Planetarien-Sternwarten

Deutsches Museum in München: Von den Weltbildern der Antike
bis zum schwebenden Astronauten – hier gibt es einiges zu sehen.
www.deutsches-museum.de

Kölner EAC: Im Europäischen Astronautenzentrum erfährst du alles
zum Training fürs Weltall. *www.dlr.de*

Planetarium Wien: In der größten Himmelskuppel Österreichs gibt
es auch Familientage. *www.planetarium-wien.at/*

Verkehrshaus Luzern: Neben einer Raumfahrtausstellung gibt es
hier das größte Sternentheater der Schweiz. *www.verkehrshaus.ch*

Zeittafel

Entstehung des Universums

13,7 Milliarden Jahre
Urknall

1000 Jahre später
Abkühlung

300.000 Jahre später
Universum wird „durchsichtig"

300.000.000 Jahre später
Wolkenbildung

13 Milliarden Jahre
Aus Wolken werden
Sterne und Galaxien.

10 Milliarden Jahre
Unsere Galaxis,
die Milchstraße, entsteht.

4,6 Milliarden Jahre
Unser Sonnensystem
entsteht.

Heute
Bist du leider durch
mit diesem Buch.

Auflösungen

Seite 9: Die Erde ist ein Planet. Um die Erde kreist der Mond. In unserem Sonnensystem gibt es auch Asteroiden und Kometen. Unser Sonnensystem gehört zu einer Galaxie, der Milchstraße. Die Erde und sieben andere Planeten kreisen um die Sonne.

Seite 58–59: Test Sauerstofftank/Nur „Stars" strahlen/ Im All – kein Schall/FC Barcelona/ Der Mond kreist in einer Ellipse um die Erde.
8 bis 10 Punkte: Du bist ja wie eine Turborakete! Der erste Test ist bestanden.
5 bis 7 Punkte: Du kennst dich schon ganz gut aus. Im Planetarium erfährst du noch mehr.
0 bis 4 Punkte: Lass es lieber! Dich hält die Schwerkraft auf der Erde fest.

Ich bleib dann mal hier. Tschüss!

Zum Zeitpunkt der Drucklegung wurden die im Buch angegebenen Internetadressen auf ihre Richtigkeit hin überprüft. Adressen und Inhalte können sich jedoch schnell ändern. So können Internetseiten für Kinder ungeeignete Links enthalten. Der Verlag kann nicht für Änderungen von Internetadressen oder für die Inhalte auf den angegebenen Internetseiten haftbar gemacht werden. Wir raten, Kinder nicht ohne Aufsicht im Internet recherchieren zu lassen.

Bildquellennachweis

MIX
Papier aus verantwor-
tungsvollen Quellen
FSC® C110508

1. Auflage 2013
© Arena Verlag GmbH, Würzburg 2013
Alle Rechte vorbehalten
Umschlagtypografie: knaus.büro für konzeptionelle und visuelle identitäten, www.e-knaus.de
Illustrationen: Fréderic Bertrand
Fachberatung: Thomas W. Kraupe und Stephan Fichtner, Planetarium Hamburg
Grafische Reihengestaltung: Punkt und Komma, Claudia Böhme
Innengestaltung und Satz: TOUMAart / Gabine Heinze
Gesamtherstellung: Westermann Druck Zwickau GmbH
ISBN 978-3-401-06837-4

www.arena-verlag.de

Volker Präkelt

BAFF! Wissen

Zicke, zacke, Dinokacke!
Was die Forscher in Riesenhaufen finden und was sie über die schrecklichen Echsen wissen
978-3-401-06776-6

Guck nicht so, Pharao!
Warum Mumien oft beklaut wurden und was die Archäologen über das alte Ägypten herausfanden
978-3-401-06779-7

Mensch, Mammut!
Warum der Koloss ein dickes Fell brauchte und was die Ötzi-Forscher vermasselt haben
978-3-401-06778-0

Lass die Lanze ganz, Lancelot!
Von rüstigen Rittern, lästigen Läusen und warum die Drachen frei erfunden sind
978-3-401-06836-7

Jeder Band:
64 Seiten • Gebunden
Mit Fotos und farbigen Illustrationen
www.arena-verlag.de